Cours de lecture

1856

COURS DE LECTURE

SECONDE PARTIE

NOTA. — La Consonne sera représentée par le chiffre 2 et la Voyelle par le chiffre 4.

ÉQUIVALENCE

PREMIÈRE ÉQUATION

b=be, c=que, d=de, f=fe, g=gue, l=le, p=pe, r=re, s=se, t=te, v=ve. (Beaucoup plus légèrement quand chacune de ces lettres ne concourt pas à former l'une des voix du premier tableau.)

EXERCICES

Abjuré, adjuré, armé, altéré, adopté, abri, absolu, absorbé, absoudre, abstenu, absurdité, aspérité, aspire, aspira, aspiré, astragale, astre, astrolabe, astrologue, astronome, astronomique.

Bridé, bavarde, borne, bluté, blanchi, blindé, blondin, brave, bravo, brodé, brandon, bronze, basque, bastion, bastringue, bisque, bistouri, boston, busqué, buste.

Charbon, chardon, charlatan, charnu, cabré, cabriole, cadavre, cadran, calculé, calfaté, calibre, calme, calma, calmé, calque, calqué, capricorne, capsule, carbone, carcan, carde, carton, cartouche, casque, caste, cavalcade, chasteté, chevron, chevrotine, clarté, cléricature, climatérique, clinique, cloaque, cloche, cloporte, clore, clou, cloué, clubiste, colibri, colporte, colporta, colporté, conclave, conclure, concorde, confirme, confirma, confirmé, confisque, confisqué, confondre, conforma, conformé, confronte, confronta, confronté, congratule, congratula, congratulé, congre, congruité, conjoncture, consacre, consacra, consacré, consiste, consista, consisté, conspire, conspira, conspiré, consulte, consulta, consulté, contracte, contracta, contracté, contrariété, contraste, contre, contribua, contribué, contriste, contrista, controuvé, corde, cordialité, cordon, cornaline, corne, corniche, cornichon, cosmétique, cosmopolite, cosmorama, costume, coudre, couple, courbe, courba, courbé, courbature, courbure, course, courte, courtine, coutre, crache, cracha, craché, cravate, créature, créa, créé, crédibilité, crédulité, crénelé, crépi, crépu, crétin, cri, criarde, crible, cribla, criblé, crime, crin, crique, crispe, crispa, crispé, critique, critiqué, crocheta, crocheté, crochu, crocodile, croque, croqué, croule, croula, croulé, croupe, croupi, cruche, cruchon, crucifia, crucifié, crudité, cuistre, culbute, culminante, culte, cultive, cultiva, cultivé.

Drapé, diapré, dorloté, double, doublon, discorde, discrédité, disculpé, discute, discuta, discuté, disloque, disloqué, disparate, disparu, disponible, dispute, disputa, disputé, disque, distinctive, distingue, distingué, distribua, distribué.

Édredon, ébloui, éprouvé, ébranlé, ébranché, ébréché, ébruité, écharpé.

Fleuri, fleuron, frelon, filtre, fortifié, forte, flandrin, flanqué, florin, faste, fistule, flasque, frustré, galvanisme, garde, garda, gardé, gargarisme, gargotte, garniture, gastrite, globule, glorifia, glorifié, gloriole, glouglou, glouton, gluante, golfe, gonfle, gonfla, gonflé, goudron, gouffre, gourde, gourdin, gourmade, gourmande, gradin, gradué, grande, grandi, gratifia, gratifié, gratin, gratuite, grave, gravité, gravure, gré, gredin, grenade, greva, grevé, grive, gronde, gronda, grondé, groupe.

Influé, informé, infortuné, ingratitude, intégrité, intrépidité, intrigue, introduire, ivre, invulnérable, jardin, jargon, jasmin, jaspe, juste, justifia, justifié, justificative.

Lacté, ladre, lardon, larme, larve, libre, licorne, litre, livre, lourde, loutre, lucarne, lucre, lugubre, lutrin, liste, lustrale, lustre.

Madré, malpropre, marbre, marche, mardi, marguerite, marmite, marque, médiocrité, métrique, mirliton, mitre, monarque, montre, mordre, morfondre, moudre, moutarde, multiplié, multitude, murmure, marsouin, mascarade, masque, masculin, monstre, morsure, moustache, musqué.

Nacre, nargue, navré, nitre, normale, notre.

Oblique, octobre, oncle, ongle, optique, orbite, ordre, organe, orgue, orme, orné, ortolan, oubli, ourdi, outre, ouvré, obstiné, obstina, obscurci, obscurité, obstrué, obsédé, observe, observa, observé.

Pacte, palme, palpable, pancarte, parqueté, parchemin, pardon, parfilé, parfume, parjure, parmi, particule, patriarche, patriotique, patron, pétrifié, pétrin, placardé, plié, plume, pluralité, podagre, prodigue, portative, portique, poudre, pourpre, pourvu, praticable, préalable, prédominante, préludé, préparé, prévariqué, prieuré, probable, proclamé, procréé, procuré, profané, proféré, propriété, prouvé, prune, publique, pulpe, purgative, putréfié, pasquin, pastiche, pastorale, pistache, piste, pistole, piston, plastique, plastron, poste, postérité, postule, postula, postulé, postiche, pronostiqué, prospérité, pustule, purisme.

Racle, racla, raclé, rapatrié, rébarbative, réclamé, récolte, réconforté, recouvré, récréé, récriminé, recruta, redoubla, reflua, réfléchi, réforme, réfracté, réglé, remarque, remorque, renifle, répliqué, reproche, réprimande, reproduire, requinqué, rétabli, retardé, retourné, rétrogradé, retrouvé, revivre, révolté, ronfle, rubrique, rupture, risque, risqué, rustique, rustre.

Sable, sabla, sablé, sabre, sabra, sabré, sacra, sacré, sacrifia, sacrifié, safran, saltimbanque, salubre, salubrité, salve, sanctifia, sanctifié, sanglante, sangle, sangla, sanglé, sanglote, sanglota, sangloté, sarbacane, sarcle, sarcla, sarclé, sardonique, satrape, saturne, scandale, scaramouche, scarlatine, scolastique, scorbutique, scorpion, scribe, scrupule, scrute, scruta, scruté, scrutin, sabre, sobriété, solde, solda, soldé, solvabilité, sordide, sorte, sorti, soufré, souple, sourde, sourdine, spasme, spécule, spécula, spéculé, spirale, spiritualité, spolia, spolié, spontané, spontanéité, stabilité, stable, statique, statistique, statua, stature, stérile, stérilité, stigmate, stimule, stimula, stimulé, stipule, stipula, stipulé, store, strapontin, stricte, structure, stupéfié, stupide, stupidité, subjugue, subjugué, sublime, sublimité, suborne, suborna, surborné, subside, subsiste, subsista, subsisté, subtilité, substitua, sucre, sucra, sucré, sucrin, suivre, sulfate, sultan, surdité, surmonte, surmonta, surmonté, survenu, survivre.

Table, tablature, tactique, tartare, tartufe, tigre, titre, tondre, torche, torchon, torture, tourbe, tournebroche, tournure, traduire, trafiqué, traqué, trébuchante, tréma, trépan, tribune, triché, tricolore, tricoté, trigonométrique, tringle, trinqué, trio, triple, triviale, troqué, trouvé, troué, tranche, tronqué, trucheman, truite, turban, turlupin, toscan, toste, transcrire, transféra, transféré, transfigure, transfigura, transfiguré, transforme, transforma, transformé, transi, transpire, transpira, transpiré, transplante, transplanta, transplanté, transporte, transporta, transporté, triste.

Uniformité.

Vacarme, valable, variable, vibré, victime, vivre, virgule, vitre, vitriolé, volcan, volupté, vulnérable, vaste.

SECONDE ÉQUATION

$$\left.\begin{array}{l}\text{ai}\\ \text{ei}\end{array}\right\} = \text{é}; \quad \text{au} = \text{o}; \quad \text{oi} = \text{oua}.$$

Application.

$$\left.\begin{array}{l}\text{ai}\\ \text{ei}\end{array}\right\} = \text{é} \quad \text{(plus fortement)}.$$

Aire, aigle, aiglon, aigu, aigre, aigri, aimable, aimante, braire, chaire, claire, éclairé, fainéante, faire, flairé, glaire, laine, laide, laiton, maire, naine, paire, plaire, rainure, saine, taire, traire, traité, vrai, vaine, peine, pleine, reine, treize, veine.

$$\text{au} = \text{o} \quad \text{(plus fortement)}.$$

Aubade, aubépine, aucune, augure, aune, aurore, automate, autorité, autrui, autruche, chaudron, chaume, daube, étau, épaule, faute, fléau, fraude, gauche, gruau, gaufre, maudire, mauve, nautique, pauvreté, paume, préau, rauque, taupe, vautré, saute, sauvé.

oi — oua (beaucoup plus légèrement).

Armoire, boire, boite, croire, doive, droiture, étoile, foi, gloire, lardoire, loi, mémoire, moi, noire, poire, poivre, roi, toile, toiture, voile, voiture, soi, toi.

TROISIÈME ÉQUATION

ç
c | e, é, i } = s { Un cé cédillé égale toujours un *s*, ou bien un cé ordinaire ; mais suivi de l'une des lettres e muet, é aigu, i, égale une s = ça = sa, ce = se, etc., etc.

Application.

Agaça, plaça, traça, glaçon, maçon, leçon, déçu, reçu, conçu, lança, façon, ceci, cela, race, place, cédé, célébrité, ciboule, civilité, trace, lancé, cigare, cilice, avance, balancé, taciturne, réciprocité.

QUATRIÈME ÉQUATION

e/n = a (un e muet suivi d'une ène égale un a, *en* égale *an*).

Encadré, encan, encavé, enchanté, enchéri,

enclavé, enclin, encloué, encre, endiablé, endurci, endormi, enfantin, enfariné, enflure, enfoncé, enfoui, engourdi, enjolivé, enjoué, enlacé, enluminé, enraciné, enrichi, enroué, entamé, entournure, entendre, envenimé, envolé, cendre, centime, centre, dentelé, fendre, lente, menti, mendicité, menton, penché, pendu, pente, rendre, rente, tendu, tenté, vendre, vendredi, vente, parenté, trente, intenté, patente, senti, insensé, pensé, intense, sensibilité.

CINQUIÈME ÉQUATION

i/e /n (finale) = i (un *e* muet précédé d'un i, et suivi d'une ène qui termine le mot, égale un i, de sorte qu'il y a deux i, dont l'un comme voix, et l'autre comme élément de voix.

ien = i = in).

Application.

Bien, chien, mien, sien, tien, lien, rien, vaurien, entretien, gardien, patricien.

SIXIÈME ÉQUATION

$e/^{22} = é$ (un e muet suivi de deux consonnes égale un é aigu).

Application.

Acerbe, adepte, inepte, inerte, percé, perdu, fermeté, perle, serpente, serpenté, servitude, conservé, inspecté, respecté, vertu, verbe, verte, cercle, berce, septante, restitué, pestiféré, leste, berline, certitude, cherche, perceptible, flegmatique, merci, mercredi, mercuriale, pectorale, perfide, rectitude, terminé, verve.

SEPTIÈME ÉQUATION.

$g/^{e, é, i} = j$ (un g suivi de e, é, i, égale un j).

Application

Plage, argile, congé, mangé, rongé, plongé, girafe, gironde, rage, image, girofle, changé, ange, rougi, rugi, dérangé, courage, agilité, agi, régi, nagé, frangipane, ravage, ménage, cage, sage, songe, songé, singe, surgi.

HUITIÈME ÉQUATION.

gn = ni (gn égale ni en prononçant l'é muet qui suit *n* comme *eu*, mais beaucoup plus légèrement).

Application.

Bagne (banieu), brugnon, gagne, ignare, règne, ignorante, régna, pignon, charlemagne, trognon, agnelé, ligne, indigné, cogna, rognon, épargna, ignoble, ognon, dignité, malignité, grognon, signe, signifia, signifié, soigne, soigna, soigné, saigne, saigna, saigné.

NEUVIÈME ÉQUATION.

Gea, geo = ja, jo.

Application.

Mangea, rougeole, changeante, plongeon, rongea, vengeance, bourgeon, rangea, engeance, pigeon, enragea.

DIXIÈME ÉQUATION.

*'*ill = li (ill, précédé d'une voyelle égale *li*

en prononçant l'é muet qui suit *l* comme *eu* très-légèrement).

Application.

Bataille (batalieu), bataillon, chamaillé, caille, caillé, caillou, bailli, détaillé, fouilla, brouillé, mouilla, raille, tailla, paille, vaillance, paillon, maille, maillure, raillé, bouilli, bouillante, failli, bouillon, rouillé, bouillote, quenouille, andouille, saillante, souillé.

ONZIÈME ÉQUATION.

²/ill = ili (ill précédé d'une consonne égale i-li, en prononçant l'é muet qui suit comme *eu* très-légèrement).

Application.

Bille (bi-lieu), billon, brilla, brillante, drille, cheville, échenillé, échantillon, famille, fille, guenille, pilla, pillé, pacotille, quilla, quille, tatillon, durillon, éparpilla, éparpillé, pétillante, pavillon, corbillon, étrilla, étrillé, papillon, babillarde, guillotine, sillon, castille.

Nota. — Ill, au commencement des mots, se prononce naturellement i-l plus fortement.

DOUZIÈME ÉQUATION.

$m/^2 - n$ (une ème, suivie d'une consonne égale une ène).

Application.

Ambigu, ambre, ambulante, ampoule, amplifié, bambin, bamboche, bombe, compagnon, combiné, champion, chambre, compatriote, gambade, grimpé, imbu, imprimé, impalpable, pampre, plombe, pimpante, tombante, rompu, trombe, vampire, rampe, trompé, ombre, lampe, limpide, pompe, automne, damnation, condamnation, simple, ensemble, sombre, sombré.

TREIZIÈME ÉQUATION.

$o/^{in} =$ ou (un o suivi de *in* égale ou).

Application.

Coin, foin, loin, pointu, poinçon, oindre, goinfre, poindre, joindre, jointure, amoindri, moindre, soin.

QUATORZIÈME ÉQUATION.

$Ph = f.$

Application.

Philanthrope, phaéton, pharaon, phare, phénomène, philologue, philtre, phoque, épitaphe, paragraphe, amphigouri, amphibologique, prophétique, sophiste.

QUINZIÈME ÉQUATION.

4/s/ʰ = z (s entre deux voyelles égale z).

Application.

Asile, basé, rasé, pesé, blasé, cousin, bison, tison, épouse, chose, cerise, muse, ruse, pelouse, frise, remise, rose, prose, osé, blousé, abusé, refusa, déguisa, crise, balourdise, visé, vase.

SEIZIÈME ÉQUATION.

ti/$^{a, eu, o}$ = ci (ti, suivi de a, eu, o, égale ci).

Application.

Action, martiale, partialité, fonction, portion, ambitieuse, proportion, nuptiale, factieuse, captieuse, réduction, minutieuse, ration, consubstantialité, notion, prétentieuse, population, initiale.

DIX-SEPTIÈME ÉQUATION.

x = cs (en général, x égale *c* dur, suivi de *s*) (1).

Taxa (tacsa), rixe, axe, fixé, boxé, exposé, sexe, extravagance, vexa, complexion, fluxion, expérimenté, axiome, convexité, fixité, lexique, saxophone, Alexandre, mixte, dextérité, moxa.

(1) A propos de la dix-septième équation, se rappeler la sixième équation qui dit que *e* muet suivi de deux consonnes égale *é* accentué, et qui est applicable ici, puisque *x* vaut deux consonnes *exposé* = *é-cs-posé.*)

DIX-HUITIÈME ÉQUATION.

$^e/x/^1 = gz$ (x, précédé d'un *e* muet qui commence les mots, et suivi d'une voyelle, égale gz).

Application.

Exigé, exécution, exemplaire, exorable, exaucera, exaspéré, existence, exubérance, exactitude, examiné, exagéré, exaltation, exercice, exigu, exilé, exotique, existe, exonéré.

DIX-NEUVIÈME ÉQUATION.

y — i (y, en général, égale i).

Application.

Style, type, mystifié, symbole, physique, syntaxe, analytique, paralysé, cynique, yeuse, cygne, cyclope, cymbale, cytise, dynamique, lyre, lyrique, lymphatique, myrte, myriade, tyran, nymphe, pyramide, symétrique, symphonique, typographe.

VINGTIÈME ÉQUATION.

$^4/y = ii$ (y, précédé d'une voyelle, égale deux i, que l'on est censé séparer).

Application.

Broyé (broi-ié), paya (pai-ia), paysan, balayé, balaya, rayon, rayé, raya, rayure, royale, royauté, soyeuse, voyage, voyante, aboya, aboyé, larmoyante, fuyante, bruyante.

VINGT ET UNIÈME ÉQUATION.

$bb = b$; $cc = c$; $dd = d$; $ff = f$; $gg = g$; $ll = l$; $mm = m$; $nn = n$; $pp = p$; $rr = r$; $ss = s$; $tt = t$ (un peu plus fortement).

Les consonnes doubles égalent les simples, mais l'on prononce un peu plus fortement, surtout pour deux *l*.

Abbé, rabbin, accablé, accorde, addition, reddition, affable, difficile, aggravé, aggloméré, illégitime, innombrable, annonce, annuité, approuvé, appliqué, passé, cassa, barré, arraché, attache, attrape, allégué, illustré, illuminé.

NULLITÉS

Règles de nullités avec une croix + indiquant que la lettre ou l'ensemble de lettres ne compte pas.

PREMIÈRE NULLITÉ (1)

a̅ /⁺ⁱⁿ (*a*, suivi de *in*, est nul; *ain* égale in).

Application.

Main (min), pain, vain, vilain, vaincre, craindre, plainte, sain, train, grain, puritain.

(1) La première nullité est en opposition avec la sconde équation qui dit que *ai* égale *é*, mais il n'y a point d'embarras pour les mots où *n* est suivie de voyelles, comme *vilaine, saine, humaine,* parce que l'élève, habitué à diviser par la fin, détache *ne*, et n'a plus que l'*ai*=l'*é, sai*=*sé, mai*=*mé*. Cette observation s'applique aussi à l'*é* muet de la seconde nullité. Il n'y a pas de difficultés pour *pleine, veine,* parce que, quand on a détaché *ne,* il reste *plei*=*plé, vei*=*vé*.

SECONDE NULLITÉ.

e* ¹/e¹ (*e* muet, précédé ou suivi de voyelle, est nul).

Application.

Beau, nouveau, fourneau, troupeau, manteau, eau, réseau, bateau, couteau, poteau, rein, peinture, teinture, frein, sein, plein, ceinture, feindre, geindre, atteindre, journée, plaie, année, donnée, confierai, tuera, avoue, lieue, crée, claie, jolie, polie, bleue, joie, proie, dévouera, crue, nue, émue, vraie, feinte, éreinté, oiseau, moineau, moue, mue, lie, pie, roue, amie, feue, expiera, niera, pourvue, déçue, raie, noie.

TROISIÈME NULLITÉ.

h* (non précédé de *c* et *p*, est nulle; *ch* et *ph* sont inconnus).

Application.

Ha, héron, hibou, hiver, hébergé, hué,

homme, heure, houe, hante, hampe, honte, rhubarbe, théorie, thuriféraire, thon, pathologie, habileté, histoire, rhétorique, pathétique, rhume, théologie, thermale, honorable, habitude, hameçon, haine, haillon, haleine, hanneton, halle, hardi, harmonie, hermine, héritage, hésitation, heurté, hideuse, homicide, hoirie, horloge, horrible, hostilité, houblon, hospitalité, housse, huile, hune, humidité, humiliation, huppe, hyacinthe, hydre, hydrophobe, hyperbole, hypocrite, hypothéqué.

QUATRIÈME NULLITÉ.

$\overset{*}{s}$ /ce, cé. ci, cy (s, suivie de ce, cé, ci, cy, est nulle).

Scellé, sceau, scélératesse, descendre, scie, disciple, scintillé, adolescence, scénique, science.

RÈGLES SPÉCIALES

POUR LA FIN DES MOTS (1)

—

PREMIÈRE RÈGLE FINALE.

b*, d*, g*, p*, s*, t*, x* ; bs, ds*, gs*, ps*, ts* (ces lettres sont nulles à la fin des mots, mais on prononce un peu plus fortement la dernière voix).

b*, d*, g*, p*, s*, t*, x ; bs*, ds*, gs*, ps*, ts*.

Plomb, rond, bourg, loup, matelas, rot, voix, nids, chants, champs, tableaux, tables, coups, choux, poids, point, croix, traits, chat, laid, lait, brigands, heureux, peureux, fait, font, rend, lut, sut, prend, reçu, doit, ferait, rendrait, aimait, chanterait, diront, raconteront, coud, fond, grand, charmant, infini-

---

(1) Se rappeler ici la seconde nullité, *é* muet précédé de voyelle est nul. Ainsi l'*é* est nul dans *joies, tourmentées,* par la seconde nullité, et *s* est nulle par la règle actuelle.

ment, sagement, méchamment, spirituellement, punies, permanent, joies, tourmentées, joues, moues, agitées, jolies, fantaisies, proies, folies.

SECONDE RÈGLE FINALE.

c, b, f, r = que, le, fe, re (à la fin des mots, mais beaucoup plus légèrement).

Alambic, cornac, choc, roc, troc, turc, ouf, if, neuf, pouf, veuf, subjonctif, impératif, indicatif, infinitif, mal, arsenal, pal, mol, seul, dol, or, finir, pour, jour, pur, sur, tir, char, car, peur, auteur, malheur, bonheur, tuteur, amour, sac, miroir, noir, canif, nul, vif, vil, bal, fureur, four, suif, séjour (1), contours, loirs, pleurs, aigreurs, chacals, régals, impurs, plaisirs, tours, consuls, vils.

TROISIÈME RÈGLE FINALE.

ed, eds, er, ers, et, ets, ez = é (ces lettres à la fin des mots égalent é, mais plus fortement).

(1) s étant nulle, les lettres c, l, f, r sont censées lettres finales, quoique suivies de s.

Pied, pieds, déranger, épicier, épiciers, boulanger, boulangers, voyez, approchez, assez, choisissez, travaillez, rimer, chanter, muets, plumets, promets, permets, fluet, discrets, dangers, projet, crier.

QUATRIÈME RÈGLE FINALE.

ec, ef, el = eque, èfe, èle (à la fin des mots, mais plus légèrement).

Échec, échecs, salamalec, salamalecs, sus, sec, chefs, chef, griefs, grief, reliefs, relief, mortels, mortel, cruels, cruel, criminel, criminels, réels, réel.

CINQUIÈME RÈGLE FINALE.

ent* (1) (plus fortement. Les lettres *ent* égalent *e* muet à la fin des mots qui sont verbes, c'est-à-dire qui expriment un état ou une action, et peuvent être précédés de *ils* ou *elles*).

(1) La cinquième règle finale est subordonnée à la première nullité qui dit que *e* muet, précédé de voyelle est nul: de sorte que dans *prient, jouent*, les trois lettres ne valant que l'*e* muet sont nulles, il ne reste que *pri, jou*.

Jouent, prient, nouent, dansent, nient, tombent, liaient, criaient, mangeraient, aimeraient, prétendaient, affligent, rient, rendirent, troueraient, viennent, soutiennent, dînent, confient, apprécient, remerciaient, dorment, souffrirent, prennent, oublient, fournissent, bataillent, raillaient, mouillaient, parlent.

SIXIÈME RÈGLE FINALE. (1)

ti = ti (c'est-à-dire ti garde sa valeur naturelle dans les mots qui peuvent être précédés de *nous* ou de *vous*).

Nous étions, vous étiez, nous jetions, vous jetiez, nous protestions, vous protestiez, nous agitions, vous agitiez, nous redoutions, vous redoutiez, nous suspections, vous suspectiez, nous promettions, vous promettiez.

SEPTIÈME RÈGLE FINALE.

ti = ti (dans les mots qui peuvent être précédés de *elle est* ou *elles sont*).

(1 Se rappeler la seizième équation *ti*, suivie de *a, eu, o=a*, à laquelle la règle actuelle est contraire ; même observation pour les deux règles suivantes.

(Elle est) partie, sortie, assortie, appesantie; (elles sont) parties, sorties, assorties, appesanties; (elle est) amortie, anéantie, consentie, aplatie; (elles sont) amorties, anéanties, consenties, aplaties; (elle est) assujettie; (elles sont) assujetties.

HUITIÈME RÈGLE FINALE.

s, x / ti = ti (*ti*, précédé de *s* ou de *x*, garde sa valeur naturelle du premier tableau).

Sacristie, sacristies, hostie, hosties, modestie, modesties, bastion, bastions, combustion, digestions, mixtion, mixtions, congestion, congestions.

NEUVIÈME RÈGLE FINALE.

Les voix finales ail, eil, euil, ouil = alieu, elieu, eulieu, oulieu (il faut prononcer très-légèrement et faire à peine sentir la lettre *l*).

Détail (détalieu, très-légèrement), éventail, fauteuil, fenouil, deuil, écureuil, travail, bétail, seuil, vermeil, réveil, sommeil.

RÈGLES D'ASSEMBLAGE

—

PREMIÈRE RÈGLE D'ASSEMBLAGE.

(La consonne finale se fait sentir quand le mot suivant commence par une voyelle ou une *h* muette, c'est-à-dire ordinaire.)

Vif-argent = vi-fargent; cheval indocile = cheva-lindocile; jour heureux = jour-heureux; tout aimable = tou-taimable; animal énorme = anima-lénorme; (il) dit aussi = di-taussi; roc aride = ro-caride; sot enfant = so-tenfant.

SECONDE RÈGLE D'ASSEMBLAGE.

s, x = z (*s* et *x* égalent *z* à la fin des mots quand le mot suivant commence par une voyelle ou une *h* muette).

Nos amis = no-zamis; vos honneurs = vo-zhonneurs; leurs industries = leur-zindustries; bijoux admirables = bijou-zadmirables; jeux agréables = jeu-zagréables.

TROISIÈME RÈGLE D'ASSEMBLAGE.

d — t (d égale t à la fin des mots quand le mot suivant commence par une voyelle ou une h muette).

(Il) entend un peu = (il) enten-tun peu ;
(Il) prétend avoir = (il) préten-tavoir ;
(Il) répond adroitement = (il) répon-tadroitement ;
(Il) tond un mouton = (il) ton-tun mouton.

QUATRIÈME RÈGLE D'ASSEMBLAGE.

(La liaison ne se fait pas quand le mot suivant commence par une h aspirée, qui se trouve dans les mots suivants et ceux de la même famille).

ha, hâbler, hagard, haie, haillon, haine, haire, halage, hâle, haleter, halle, hallebarde, hallier, halte, hameau, hampe, hanche, hanneton, hangar, hanter, houppelande, happer, haquet, harangue, haras, harasser, harceler, hardes, hardie, hareng, hargneux, haricot, haridelle, harnais, haro, harpe, harpie, harpon, hasard, hâter, haubert, hâve, havre, havre-sac, haut, hé, hennir, héraut, hère, hérisser, héron, héros, hêtre, houe, heurter, hideux, hiérarchie, hobereau, hocher, holà, hongre, honnir, honte, hoquet, horion, hors, hotte, houblon, houille, houlette, houle, houppe, houspiller, housse, huer, huche, huit, hunier, hune, huppe, hure, hurler, hutte.

PARTICULARITÉS

PREMIÈRE PARTICULARITÉ.

a* (l'*a* est nul dans les mots suivants, on prononce plus fortement).

Août (ou — plus fortement), aoriste, toast.

SECONDE PARTICULARITÉ.

ai = e (ai égale un e muet, et non un e accentué, contrairement à la seconde équation) dans les mots :

Faisan (fesan), faisander, faisant, bienfaisant, bienfaisance.

TROISIÈME PARTICULARITÉ.

b final = b (b se prononce, contrairement à la première règle finale) dans les mots :
Club (clube — très-légèrement), rob, radoub, rumb.

QUATRIÈME PARTICULARITÉ.

cea — ça dans le mot :
Douceâtre (douçâtre).

CINQUIÈME PARTICULARITÉ.

c = g dans les mots :
Second (segon), seconder, secondaire, secondement, cicogne.

SIXIÈME PARTICULARITÉ.

cue = que dans les mots :
Accueillir (aqueillir), cueillir, recueillir, accueil, recueil.

SEPTIÈME PARTICULARITÉ.

c*, c est nul dans les mots :
Acquérir (aquérir), acquit, acquisition.

HUITIÈME PARTICULARITÉ.

ch = c dur dans les mots :
Anachorète, archange, bachanal, chœur, chorus, choriste, catéchumène, choléra, Charybde, Chersonèse, chirographaire, écho, exarchat, lichen, orchestre, tachygraphie, patriarchat.

NEUVIÈME PARTICULARITÉ.

c* final est nul (contrairement à la seconde règle finale) dans les mots :
Accroc (acro), banc, blanc, broc, cric, croc, cotignac, estomac, franc, jonc, marc, tabac.

DIXIÈME PARTICULARITÉ.

d final = d (d final se prononce, contrairement à la première règle finale) dans les mots :
Cid (cide — très-légèrement), sud.

ONZIÈME PARTICULARITÉ.

e*, e muet est nul (de manière que la voix eu ne se forme pas) dans les mots :

Eu (u) j'eus, tu eus, il eut, nous eûmes, vous eûtes, ils eurent, que j'eusse, que tu eusses, qu'il eût, que nous eussions, que vous eussiez, qu'ils eussent, jeun.

DOUZIÈME PARTICULARITÉ.

e = a dans les mots suivants et leurs analogues (pour les mots à deux *n* cela est contraire à la cinquième équation, qui dit que *e* muet suivi de deux consonnes égale *é* accentué; de plus e muet suivi de ène égale a).

Enivrer (anivrer), enorgueillir, hennir, hennissement, rouennerie, solennel, solennité, emmancher (an mancher), emmaillotter, emménager, emmener, emmiellé, ennoblir, ennuyer, ardemment, prudemment, négligemment, indulgemment, insolemment, impertinemment.

TREIZIÈME PARTICULARITÉ.

e /ⁿ = i, e muet suivi de n égale i (contrairement à la troisième équation, qui dit que e muet suivi de n égale a) dans les mots :

Agenda (aginda), appendice, benjoin, Benjamin, décennale, triennal, européen, examen, hymen, Mentor, pentagone.

QUATORZIÈME PARTICULARITÉ.

e = i dans les mots :

Je viens (je vi in), tu viens, il vient, je reviens, il revient, je deviens, tu deviens, il devient, je proviens, tu proviens, il provient, je surviens, tu surviens, il survient, je tiens, tu tiens, il tient, je retiens, tu retiens, il retient, je maintiens, tu maintiens, il maintient, j'entretiens, tu entretiens, il entretient, je soutiens, tu soutiens, il soutient.

QUINZIÈME PARTICULARITÉ.

en = ène dans les mots :

Amen (amène — très-légèrement), abdomen, gluten, gramen, pollen.

SEIZIÈME PARTICULARITÉ.

e = e ; e reste muet (contrairement à la

sixième équation, qui dit que *e* muet suivi de deux consonnes est accentué) dans les mots :

Dessus (de su), dessous, ressac, ressaisir, ressasser, ressembler, ressentir, ressortir, ressource, ressouvenir.

DIX-SEPTIÈME PARTICULARITÉ.

$e = é$ dans les mots :

Ces, des, les, mes, tes, ses, et (tu) es, (il) est.

DIX-HUITIÈME PARTICULARITÉ.

f^*, f est nul (contrairement à la seconde règle finale) dans les mots :

Bœufs (beu), œufs, nerfs, cerfs, clef, clefs.

DIX-NEUVIÈME PARTICULARITÉ.

g^*, g est nul dans les mots :

Sangsue (san su), signet, doigt, vingt.

VINGTIÈME PARTICULARITÉ.

g^n = gue-n (gn se prononce comme gue-n (plus légèrement, contrairement à la huitième équation qui dit que gn = ni) dans les mots :

Agnat (ague na — très-légèrement), cognat, diagnostic, gnome, igné, ignition, inexpugnable, Progné, régnicole, stagnant, stagnation.

VINGT ET UNIÈME PARTICULARITÉ.

Gue, gui = gu-eu, gu-i (gu se prononce séparément de la manière suivante) dans ces mots :

Aiguille (ai-gu-ille), aiguillon, aiguillette, aiguillonner, arguer, ambiguité, contiguité, exiguité, inextinguible, linguistique.

VINGT-DEUXIÈME PARTICULARITÉ.

gu = gou dans les mots :
Aiguade (aigouade), lingual, alguazil.

VINGT-TROISIÈME PARTICULARITÉ.

Gu = ju dans les mots :
Gageure (gajure), mangeure.

VINGT-QUATRIÈME PARTICULARITÉ.

Gueil = gue-lieu (prononcé très-légèrement en faisant à peine sentir *l*) dans le mot : Orgueil.

VINGT-CINQUIÈME PARTICULARITÉ.

i*, i est nul dans les mots :
Douairière (douarière), encoignure.

VINGT-SIXIÈME PARTICULARITÉ.

k = c dur dans tous les mots :
Kanguroo (canguroo), kilogramme, kiosque, kirch, knout, Koran, kyrielle.

VINGT-SEPTIÈME PARTICULARITÉ.

l*, l est nulle (pour les mots où elle est finale, contrairement à la seconde règle finale) dans les mots suivants. Elle est finale dans aulx, parceque *x* est nul.

Aulx (au), poulx, fils (fice), gentilshommes (genti-zommes), baril, barils, coutil, coutils, fusil, fusils, gentil, gentils, gril, grils, nombril, nombrils, outil, outils, persil.

VINGT-HUITIÈME PARTICULARITÉ.

m^{j^2} = m (*m*, quoique suivie d'une consonne, se prononce *m* contrairement à la onzième équation qui dit que *m* suivie d'une consonne égale *n*, dans les mots :

Amnistie (ame nistie — très-légèrement), calomnie, hymne, gymnase, omnibus, omnivore, mnémonique.

VINGT-NEUVIÈME PARTICULARITÉ.

o*, o est nul dans les mots :
Taon (tan), paon.

TRENTIÈME PARTICULARITÉ.

œ = é dans les mots :
Œcuménique (écuménique), fœtus (fétuce), Œdipe, œsophage.

TRENTE ET UNIÈME PARTICULARITÉ.

œ = eu dans les mots :
Œil (euil), œillade, œillet.

TRENTE-DEUXIÈME PARTICULARITÉ.

œ = eu dans les mots :
Bœufs (beu), œuf, œuvre, sœur, chœur, cœur.

TRENTE-TROISIÈME PARTICULARITÉ.

p*, p est nul dans les mots :
Baptême (batême), baptiser, compte, comptoir, compter, décompte, mécompte, cheptel, dompter, exempter, prompt, promptement, promptitude, sept, septième, sculpteur, sculpture.

TRENTE-QUATRIÈME PARTICULARITÉ.

que, qui = qu-e, qu-i (qu se prononce séparément de la voyelle qui suit) dans les mots :
Equestre (é-qu-estre), équilatéral, équiangle, équitation, questeur, quinquennal, quinquérème, quintuple.

TRENTE-CINQUIÈME PARTICULARITÉ.

qu = cou dans les mots :
Aquatique (a-cou-atique), aquarelle, équation, équateur, quadrature, quadragésime, quadrupède, quadruple, quadrumane, quatuor, quaternaire.

TRENTE-SIXIÈME PARTICULARITÉ.

q final = c dur dans les mots :
Coq (coc), cinq.

TRENTE-SEPTIÈME PARTICULARITÉ.

r final = r, r se prononce légèrement (contrairement à la seconde règle finale) dans les mots :

Amer (amère), cher, éther, fier, cuiller, enfer, lucifer, magister, mer, pater, hier, cancer, ver.

TRENTE-HUITIÈME PARTICULARITÉ.

s = z (quoique nul entre deux voyelles) dans les mots :

Alsace (Alzace), balsamique, balsamine, transiger, transaction, transitif, intransitif.

TRENTE-NEUVIÈME PARTICULARITÉ.

s = ç se prononce comme ç cédillé (contrairement à la quinzième équation qui dit que *s* entre deux voyelles égale un *z*) dans les mots :

Contresigner (contre-ci-gner), désuétude, entresol, havre-sac, monosyllabe, parasol, préséance, présupposer, vraisemblable, vraisemblance.

QUARANTIÈME PARTICULARITÉ.

s finale = ce, s finale se prononce comme ce très-légèrement (contrairement à la première règle finale) dans les mots :

Aloès (a-lo-è-ce), as, atlas, agnus, (a-gue-nu-ce), argus, bibus, bis (signifiant deux fois), blocus, chorus, cens, dervis, fils, fœtus, florès, gratis, hélas, hiatus, jadis, lis (fleur), laps, maïs, mars, mérinos, obus, orémus, ours, prospectus, rasibus, rébus, sus, sens, sinus, vis.

QUARANTIÈME ET UNIÈME PARTICULARITÉ.

t , t est nul dans les mots :
Asthme (asme), asthmatique, isthme.

QUARANTE-DEUXIÈME PARTICULARITÉ.

tie = ti; *ti* se prononce naturellement (contrairement à la seizième équation, qui dit que *ti* suivi de *e* égale ci) dans les mots :

Partie, parties, ortie, orties.

QUARANTE-TROISIÈME PARTICULARITÉ.

ti = ci, *ti* se prononce comme ci (contrairement à la sixième règle finale qui dit que *ti* se prononce *ti* dans les mots qui peuvent être précédés de nous et de vous dans les mots verbes suivants :

Balbutier (balbu-cier), initier, patienter (et dans les mots ordinaires), patient, quotient, satiété, insatiable, propitiatoire, tribunitien.

QUARANTE-QUATRIÈME PARTICULARITÉ.

t final = t; t se prononce très-légèrement (contrairement à la première règle finale) dans les mots :

Brut (brute), chut, Christ (1), déficit, direct, dot, distinct, exact, fat, granit, infect,

---

(1) *t* se prononce dans le mot *Christ* seul et non dans *Jésus-Christ*.

intact, lest, est (1), ouest, fait (2), luth, net, opiat, prétérit, rapt, rit, subit (3), tact, transit, zest, zénith.

QUARANTE-CINQUIÈME PARTICULARITÉ.

um final = ome (um final se prononce comme ome légèrement) :

Factum (factome), ultimatum, maximum, minimum, factotum.

QUARANTE-SIXIÈME PARTICULARITÉ.

u = o dans les mots :
Punch (ponche), rumb (romb).

QUARANTE-SEPTIÈME PARTICULARITÉ.

x = z ; x se prononce comme z dans les mots :

Deuxième, sixième, dixième, deuxième-

---

(1) *t* se prononce dans *est* nom, point cardinal, et non dans *est* verbe.

(2) *t* se prononce dans *fait* nom, et ne se prononce pas dans *fait* verbe.

(3) *t* se prononce dans *subit* adjectif, et non dans *subit* verbe.

ment, sixièmement, dixièmement, sixain.

QUARANTE-HUITIÈME PARTICULARITÉ.

x final = que-ce, x final se prononce *que-ce* légérement dans les mots :

Codex (co-dé-que-ce), index, silex.

QUARANTE-NEUVIÈME PARTICULARITÉ.

x = ç; x se prononce comme ç cédillé dans le mot :

Soixante (soiçante).

CINQUANTIÈME PARTICULARITÉ.

y = i; y se prononce comme un seul i (contrairement à la vingtième équation, qui dit que y entre deux voyelles se prononce comme deux i) dans les mots :

Bayadère, bayonnette.

CINQUANTE ET UNIÈME PARTICULARITÉ.

exc $^{e, é, i}$ = écs (les lettres exc suivies d'un *é* ou d'un *i* égalent cs) :

Excédant (ecs-é-dan), excédé, excellent,

exceller, excentrique, excepté, excessif, exciper, exciter, excitation.

ACCENTUATION

AU POINT DE VUE DE LA LECTURE

1° Le signe (´) qui va de droite à gauche, se nomme accent aigu, il s'applique à la lettre *é* seulement. Un *é* surmonté de cet accent est appelé é fermé, parce que cet *é* se prononce la bouche presque fermée.

Application : vérité, probité, dérangé, récompensé.

2° Le signe (`) qui va de gauche à droite, se nomme accent grave. Il s'applique aux aux lettres *à, è*. Les lettres surmontées de cet accent sont appelées ouvertes, parce qu'elles se prononcent avec une assez grande ouverture de bouche.

Application : à, voilà, déjà, père, mère, frère.

Observation. — L'accent grave s'applique aussi à *ù* dans le mot *où*, mais la gravité du son porte sur la voix et non sur la lettre.

3° Le signe (ˆ), formé des deux autres, se nomme circonflexe. Il s'applique aux lettres *â, ê, î, ô, û*. Les lettres surmontées par cet accent doivent être prononcées très-fortement, attendu qu'il remplace une lettre supprimée, dont l'absence est indiquée par la sonorité de la lettre présente.

Application : âme, bâtiment, château, bête, fête, tête, gîte, vîte, belître, côte, dôme, dû, flûte, brûlure.

4° Le signe (¨) se nomme tréma. Il s'applique aux lettres ï, ü. On sépare la voyelle pour former une voix.

Application : haïr (ha-ir au lieu de hai-r), Caïn (ca-in au lieu de cain), maïs (ma-is au lieu de mais), ciguë (ci-gu-e au lieu de cigue), ambiguïté (am-bi-gu-i-té au lieu de ambiguité), contiguïté (conti-gu-i-té au lieu de contiguité).

Application. Le tréma s'applique aussi à l'*e* et lui donne la valeur d'un accent grave : poëte, poëme.

5° La lettre h (1) entre deux voyelles empêche la voyelle qui la précède de s'unir à la voyelle qui la suit pour former la voix.

Observation. Ahuri (a-huri au lieu de auri), trahison (tra-hison au lieu de trai-son), cohue (co-hue au lieu de coue), ébahi (éba-hi au lieu de ébai), envahir (en-va-hir au lieu de envair), bahut (ba-hut au lieu de baut).

Observation. h empêche aussi la liaison de *n* avec la voyelle dans les mots : enhardir (en-hardir au lieu de énardir), enharnacher au lieu de énarnacher).

6° Le signe (ç) qui se place au-dessous de la lettre ç se nomme *cédille*, il ne s'applique

---

(1) h dans ce cas fonctionne à peu près comme le *tréma*. Voilà pourquoi nous la plaçons parmi les signes d'accentuation.

qu'à la lettre c. Le ç marqué de ce signe a le son doux, qu'on lui a donné dans la troisième équation : (il) commença, (nous) plaçâmes, leçon, façon, reçu, déçu.

7° Le signe (') qui surmonte la lettre, mais un peu à droite, se nomme apostrophe. Il s'applique aux lettres *c, ç, d, j, l, m, n, s, t*. Il est nul au point de vue de la lecture (1) et n'exerce aucune influence sur la prononciation.

Application. C'était, ç'aurait été, d'amitié, j'apprends, l'enfant, m'instruire, n'entendre, s'illustrer, t'intéresser.

---

(1) Il remplace une lettre supprimée, mais c'est là une notion de grammaire et non de lecture.

RÈGLES DE LA PONCTUATION

AU POINT DE VUE DE LA LECTURE (1)

1° Quand on rencontre au bas d'un mot le signe (,) qui s'appelle *virgule*, on fait une petite pause, presque insensible ; pour le signe (;) appelé *point-et-virgule*, la pause est un peu plus longue ; pour le signe (:) appelée *deux-points*, elle dure davantage ; pour le signe (.) appelé *point*, elle se prolonge encore davantage sans pourtant cesser d'être toujours très-courte, et seulement de nature à permettre de reprendre haleine.

Application. Le chat est un domestique infidèle, qu'on ne garde que par nécessité, pour l'opposer à un autre ennemi domestique encore plus incommode et qu'on ne peut chasser ; car nous ne comptons pas les

(1) Il ne faut pas oublier que la ponctuation, comme toute autre spécialité, est traitée ici au point de vue de la lecture et non au point de vue de la grammaire.

gens qui, ayant du goût pour toutes les bêtes, n'élèvent les chats que pour s'en amuser ; l'un est l'usage, l'autre est l'abus ; et quoique ces animaux, surtout quand ils sont jeunes, aient de la gentillesse, ils ont en même temps une malice innée, un caractère faux, un naturel pervers, que l'âge augmente encore, et que l'éducation ne fait que masquer. De voleurs déterminés, ils deviennent souples et flatteurs comme les fripons ; ils ont la même adresse, la même subtilité, le même goût pour faire le mal, le même penchant à la petite rapine ; comme eux ils savent couvrir leur marche, dissimuler leur dessein, épier les occasions, attendre, choisir, saisir l'instant de faire leur coup, se dérober ensuite au châtiment ; fuir et demeurer éloignés jusqu'à ce qu'on les rappelle.

2° Lorsqu'on rencontre le signe (!) appelé *point d'exclamation*, on s'arrête à peu près comme pour le point ordinaire ; mais comme on le voit avant de le rencontrer, on prend le ton qui exprime de l'étonnement, de la colère, de la douleur, et suivant le sentiment exprimé par les mots qui précèdent.

Ex. Quel étrange événement ! Vous prétendez avoir de l'honneur, et vous commettez une pareille lâcheté ! hélas !

3° Quand on rencontre le signe (?) appelé *point d'interrogation*, on s'arrête à peu près comme pour le point ordinaire ; mais l'on prend le ton qui exprime que l'on adresse la question.

Ex. Que dites-vous ? Quelles sont vos intentions ? Pourquoi renoncer à votre projet ?

4° S'il existe un intervalle vide parce qu'une ligne n'est pas remplie jusqu'à la fin, ou qu'une ligne n'est pas occupée dès son commencement, vide qui s'appelle *alinéa*, on fait une pause un peu plus longue que celle du point ordinaire, et la plus grande de toutes.

« Lorsqu'on réfléchit sur la fécondité sans bornes donnée à chaque espèce, sur le produit innombrable qui doit en résulter, sur la prompte et prodigieuse multiplication de certains animaux qui pullulent tout à coup, et viennent par milliers désoler les campagnes, ravager la terre, on est étonné qu'ils n'envahissent pas la nature, on craint qu'ils ne l'oppriment par le nombre, et qu'après avoir dévoré la subsistance, ils ne périssent eux-mêmes avec elle.

« On voit en effet, avec effroi, arriver ces nuages épais, ces phalanges ailées d'insectes affamés qui semblent menacer le globe entier. »

5° Pour plusieurs points (......) *appelés points suspensifs*, on fait une pause à pen près égale à celle des deux-points.

Ex. Je devrais... (on veut dire : vous punir, et on ne le dit pas), mais j'espère qu'un avertissement vous suffira et que vous vous corrigerez.

6° Le signe (etc.) s'appelle *et cœtera* (on fait sentir le *t* de *et*). Il indique que l'on supprime un certain nombre de mots qui ne sont pas indispensables.

Ex. On servit du potage, du rôt, du poisson, etc.

7° Le signe ( ) s'appelle *parenthèse*, il ser à séparer des mots qui forment une réflexion ou une indication à part de l'ensemble du sujet.

> Un aigle aperçut, d'aventure,
> Dans les coins d'une roche dure,
> Ou dans les trous d'une masure
> (Je ne sais pas lequel des deux),
> De petits monstres fort hideux.

8° Le signe (« »), qui s'appelle *guillemets*, se place au commencement de chaque ligne d'un morceau emprunté ou d'un discours qui interrompt un récit, une démonstration, pour faire une citation et à la fin de la citation.

Voici comment Buffon apprécie les qualités du chien :

« Le chien, indépendamment de la beauté de sa forme, de la vivacité, de la force, de la légèreté, a par excellence toutes les qualités extérieures qui peuvent lui attirer les regards de l'homme. »

9° Le signe (-) s'appelle *trait-d'union* ; il sert à unir deux mots combinés pour en former un seul.

Ex. Chat-huant ; cerf-volant ; appui-main ; coffre-fort.

LETTRES MAJUSCULES

On rencontre au commencement du nom des personnes et des endroits, et au commencement des alinéas, de grandes lettres appelées majuscules.

A (a) B (b) C (c) D (d) E (e) F (f) G (g) H (h) I (i) J (j) K (k) L (l) M (m) N (n) O (o) P (p) Q (q) R (r) S (s) T (t) U (u) V (v) X (x) Y (y) Z (z).

Alexandre, Babylone, Rome, Paris.

LETTRES ITALIQUES

On rencontre pour le corps entier des mots sur lesquels on veut attirer l'attention des lettres d'une forme particulière appelées *italiques*.

a, b, c, d, e, f, g, h, i, j, k, l, m, n, o, p, q, r, s, t, u, v, x, y, z.

www.ingramcontent.com/pod-product-compliance
Lightning Source LLC
LaVergne TN
LVHW020048090426
835510LV00040B/1473